Driebanden biljart: Volledige ronde cirkelpatronen

Van professionele kampioentoernooien

Vergelijk jezelf met professionele spelers

Allan P. Sand
PBIA Gecertificeerde biljartinstructeur

ISBN 978-1-62505-265-0
PRINT 7x10

ISBN 978-1-62505-408-1
PRINT 8.5x11

First edition

Copyright © 2019 Allan P. Sand

All rights reserved under International and Pan-American Copyright Conventions.

Published by Billiard Gods Productions.
Santa Clara, CA 95051
U.S.A.

For the latest information about books and videos, go to: http://www.billiardgods.com

Acknowledgements
Wei Chao created the software that was used to create these graphics.

Inhoudsopgave

Invoering..**1**
Over de tabelconfiguraties 1
Tabel opstelling instructies..2
Doel van de twee tabellen...2
A: Volledige cirkel (lang banden) **3**
A: Groep 1 3
A: Groep 2 8
A: Groep 3 13
A: Groep 4 18
A: Groep 5 23
B: Volledige cirkel (kort banden) **28**
B: Groep 1 28
B: Groep 2 33
B: Groep 3 38
C: 4 biljartbanden (lang banden) **43**
C: Groep 1 43
C: Groep 2 48
C: Groep 3 53
C: Groep 4 58
C: Groep 5 63
D: 4 biljartbanden (kort banden)..**68**
D: Groep 1 68
D: Groep 2 73
D: Groep 3 78
D: Groep 4 83
E: 5 biljartbanden (lang banden) **88**
E: Groep 1 88
E: Groep 2 93
E: Groep 3 98
E: Groep 4 103
E: Groep 5 108
F: 5 biljartbanden (kort banden) **113**
F: Groep 1..113
F: Groep 2..118
G: 6+ biljartbanden (lang banden)...**123**
G: Groep 1 123
G: Groep 2 128
G: Groep 3 133
G: Groep 4 138
H: 6+ biljartbanden (kort banden) **143**
H: Groep 1 143
H: Groep 2 148

Other books by the author ...
- 3 Cushion Billiards Championship Shots (a series)
- Carom Billiards: Some Riddles & Puzzles
- Carom Billiards: MORE Riddles & Puzzles
- Why Pool Hustlers Win
- Table Map Library
- Safety Toolbox
- Cue Ball Control Cheat Sheets
- Advanced Cue Ball Control Self-Testing Program
- Drills & Exercises for Pool & Pocket Billiards
- The Art of War versus The Art of Pool
- The Psychology of Losing – Tricks, Traps & Sharks
- The Art of Team Coaching
- The Art of Personal Competition
- The Art of Politics & Campaigning
- The Art of Marketing & Promotion
- Kitchen God's Guide for Single Guys

Invoering

Dit is een van de driebanden biljart die laten zien hoe professionele spelers beslissingen nemen, gebaseerd op de tafelindeling. Al deze tabelconfiguraties zijn afkomstig van internationale wedstrijden.

Deze tabelconfiguraties plaatsen je in het hoofd van de speler, te beginnen met de balposities (weergegeven in de eerste tabel). De indeling van de tweede tabel laat zien wat de speler heeft besloten te doen.

Over de tabelconfiguraties

Elke configuratie heeft twee tabelconfiguraties. De eerste tafel is de balposities. De tweede tafel is hoe de ballen op de tafel bewegen.

Dit zijn de drie ballen op tafel:

 (CB) (uw biljartbal)

◉ (OB) (tegenstander biljartbal)

● (OB) (rode biljartbal)

Tabel opstelling instructies

Gebruik papierbandringen om de balposities te markeren (koop bij een kantoorwinkel).

Plaats een munt op elk biljartbanden dat de (CB) zal aanraken.

Vergelijk uw (CB) pad met de configuratie van de tweede tabel. Om te leren, hebt u mogelijk meerdere pogingen nodig. Stel na elke fout een aanpassing in en probeer het opnieuw totdat je succesvol bent.

Doel van de twee tabellen

Deze tabelconfiguraties zijn bedoeld voor twee doeleinden.

- Uw analyse - thuis kunt u overwegen hoe de configuratie in de eerste tabel moet worden afgespeeld. Vergelijk uw ideeën met het werkelijke patroon op de tweede tafel. Denk aan uw oplossing en overweeg opties. Vanuit de tweede tabel kunt u ook analyseren hoe u het patroon moet volgen. Speel de opstelling mentaal af en beslis hoe je succesvol kunt zijn.

- Oefen de tafelconfiguratie - plaats de ballen op hun plaats, volgens de eerste tabelconfiguratie. Probeer het tweede tabelpatroon te dupliceren. Je hebt misschien veel pogingen nodig voordat je de juiste manier vindt om te spelen. Dit is hoe je deze opstellingen kunt leren en spelen tijdens competities en toernooien.

De combinatie van mentale analyse en praktische oefening zal je een slimmere speler maken.

A: Volledige cirkel (lang banden)

De (CB) gaat van de eerste (OB) af in een lang biljartbanden en vervolgens in het korte biljartbanden. De cirkel gaat verder in het tegenoverliggende lange biljartbanden.

Ⓐ (CB) (uw biljartbal) – ⊙ (OB) (tegenstander biljartbal) – ● (OB) (rode biljartbal)

A: Groep 1

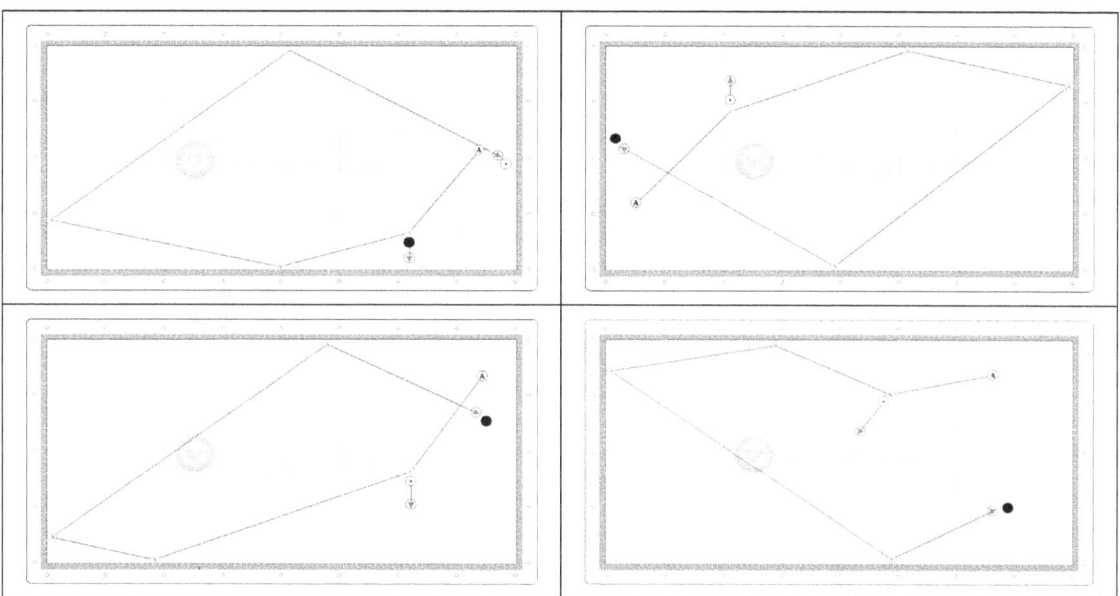

Analyse:

A:1a. _____

A:1b. _____

A:1c. _____

A:1d. _____

A:1a – Opstelling

Opmerkingen en ideeën:

Schotpatroon

A:1b – Opstelling

Opmerkingen en ideeën:

Schotpatroon

A:1c – Opstelling

Opmerkingen en ideeën:

Schotpatroon

A:1d – Opstelling

Opmerkingen en ideeën:

Schotpatroon

A: Groep 2

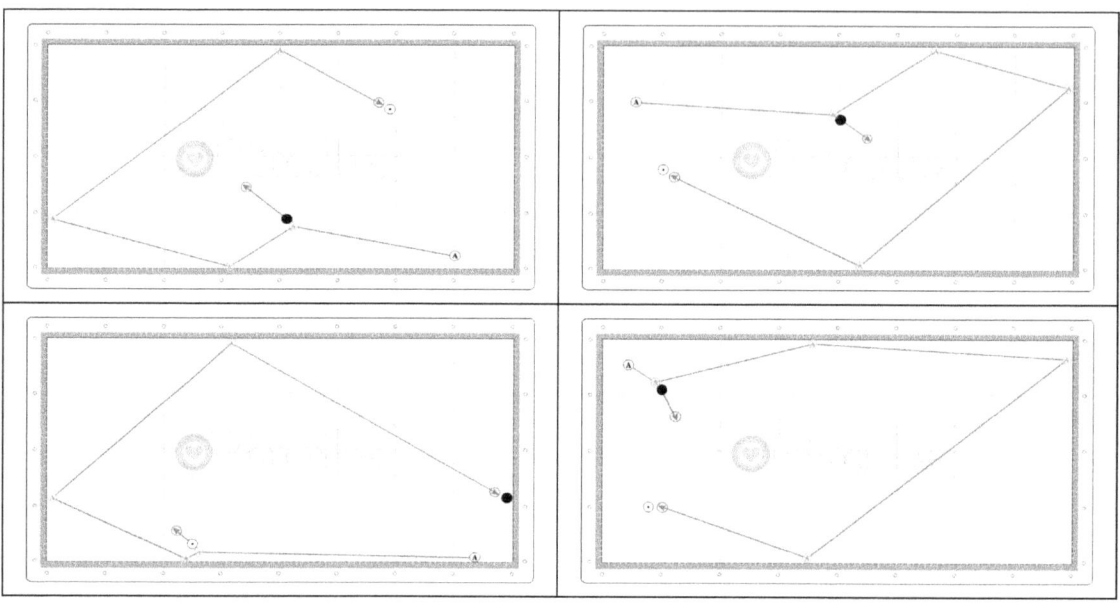

Analyse:

A:2a. _____

A:2b. _____

A:2c. _____

A:2d. _____

A:2a – Opstelling

Opmerkingen en ideeën:

Schotpatroon

A:2b – Opstelling

Opmerkingen en ideeën:

Schotpatroon

A:2c – Opstelling

Opmerkingen en ideeën:

Schotpatroon

A:2d – Opstelling

Opmerkingen en ideeën:

Schotpatroon

A: Groep 3

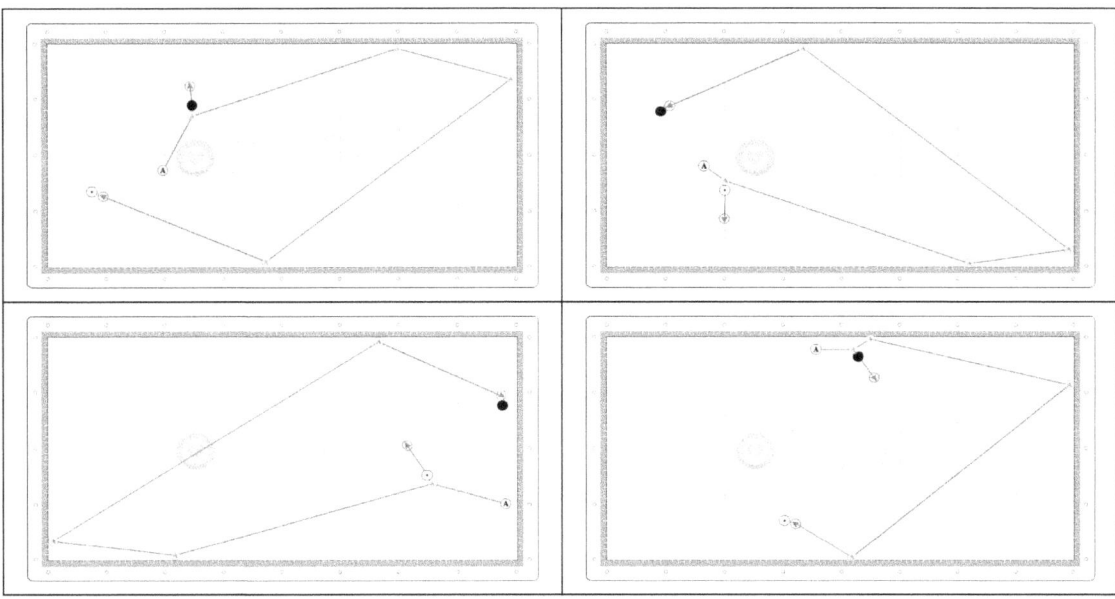

Analyse:

A:3a. _____

A:3b. _____

A:3c. _____

A:3d. _____

A:3a – Opstelling

Opmerkingen en ideeën:

Schotpatroon

A:3b – Opstelling

Opmerkingen en ideeën:

Schotpatroon

A:3c – Opstelling

Opmerkingen en ideeën:

Schotpatroon

A:3d – Opstelling

Opmerkingen en ideeën:

Schotpatroon

A: Groep 4

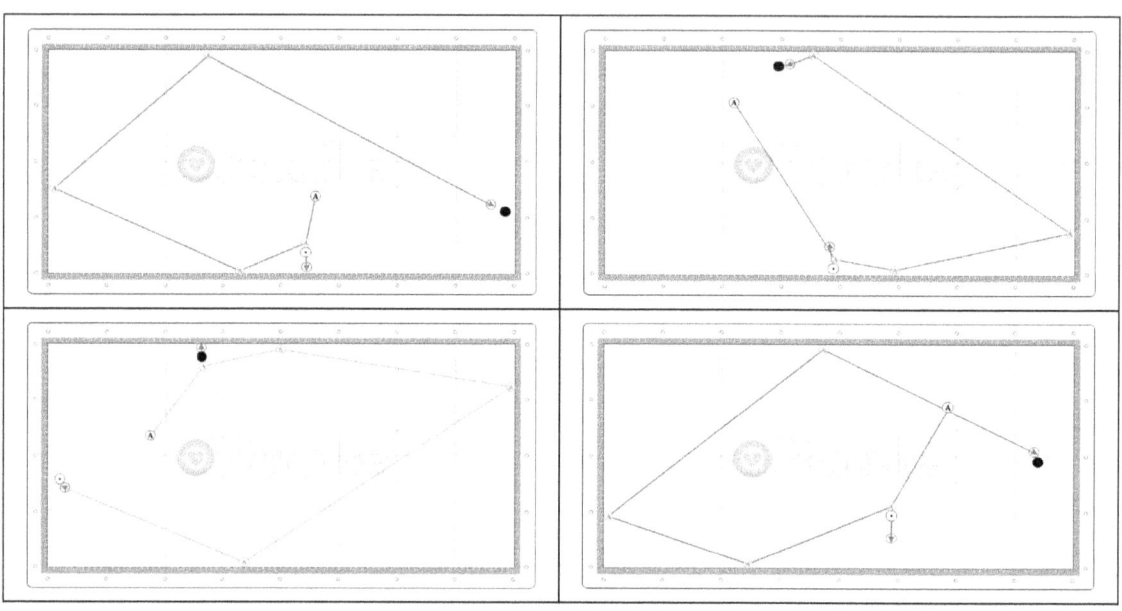

Analyse:

A:4a. _____

A:4b. _____

A:4c. _____

A:4d. _____

A:4a – Opstelling

Opmerkingen en ideeën:

Schotpatroon

A:4b – Opstelling

Opmerkingen en ideeën:

Schotpatroon

A:4c – Opstelling

Opmerkingen en ideeën:

Schotpatroon

A:4d – Opstelling

Opmerkingen en ideeën:

Schotpatroon

A: Groep 5

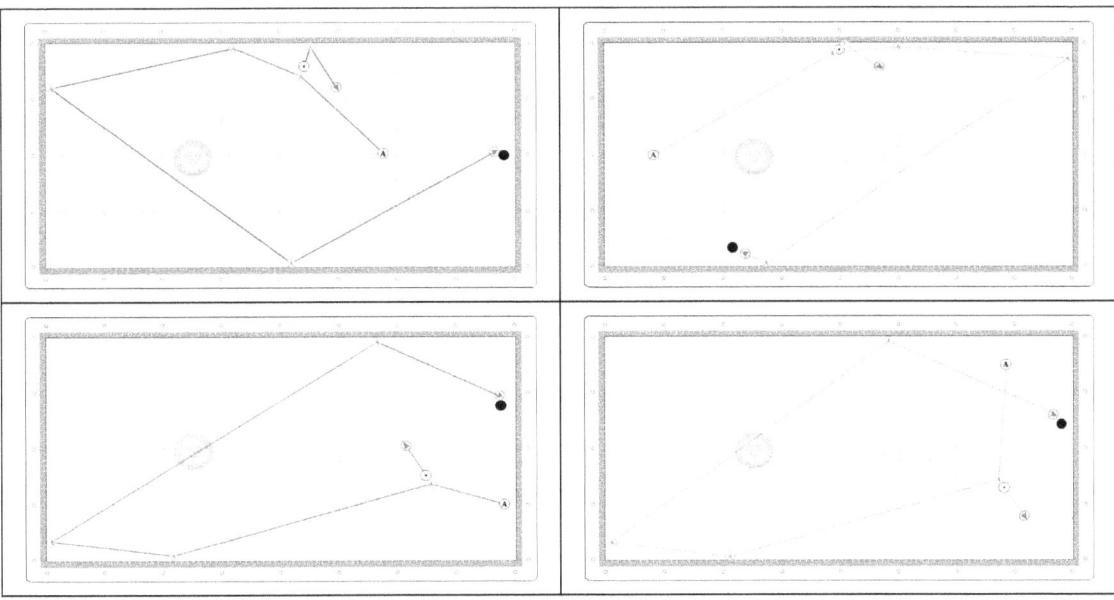

Analyse:

A:5a. _____

A:5b. _____

A:5c. _____

A:5d. _____

A:5a – Opstelling

Opmerkingen en ideeën:

Schotpatroon

A:5b – Opstelling

Opmerkingen en ideeën:

Schotpatroon

A:5c – Opstelling

Opmerkingen en ideeën:

Schotpatroon

A:5d – Opstelling

Opmerkingen en ideeën:

Schotpatroon

B: Volledige cirkel (kort banden)

De (CB) komt van de eerste (OB) en in een kort biljartbanden. De (CB) gaat dan in het lange biljartbanden en in het tegenoverliggende korte biljartbanden.

Ⓐ (CB) (uw biljartbal) – ⊙ (OB) (tegenstander biljartbal) – ● (OB) (rode biljartbal)

B: Groep 1

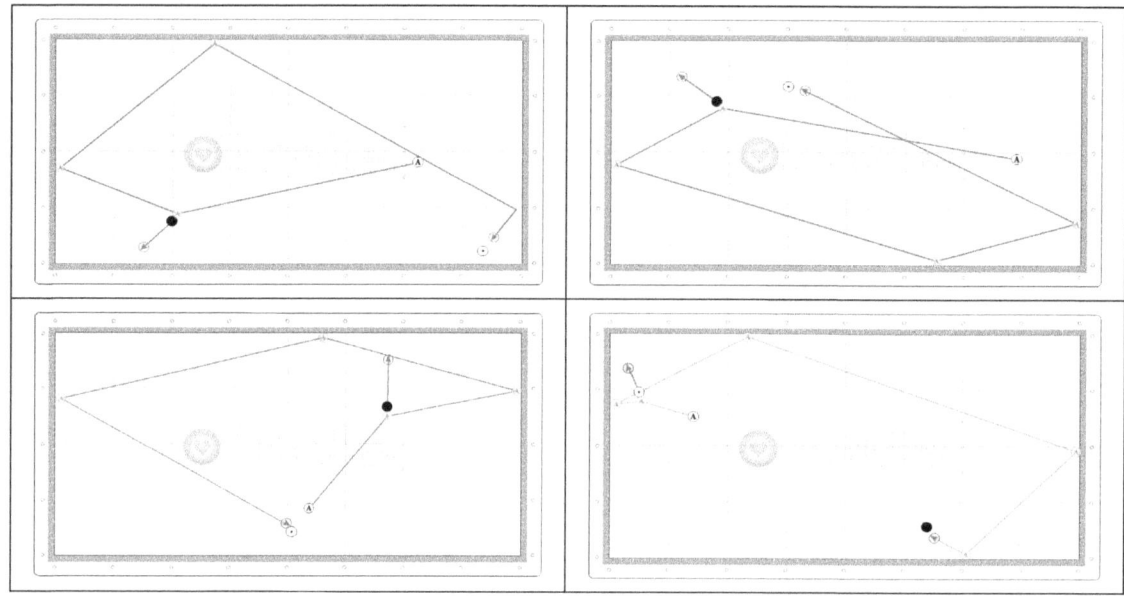

Analyse:

B:1a. _____

B:1b. _____

B:1c. _____

B:1d. _____

B:1a – Opstelling

Opmerkingen en ideeën:

Schotpatroon

B:1b – Opstelling

Opmerkingen en ideeën:

Schotpatroon

B:1c – Opstelling

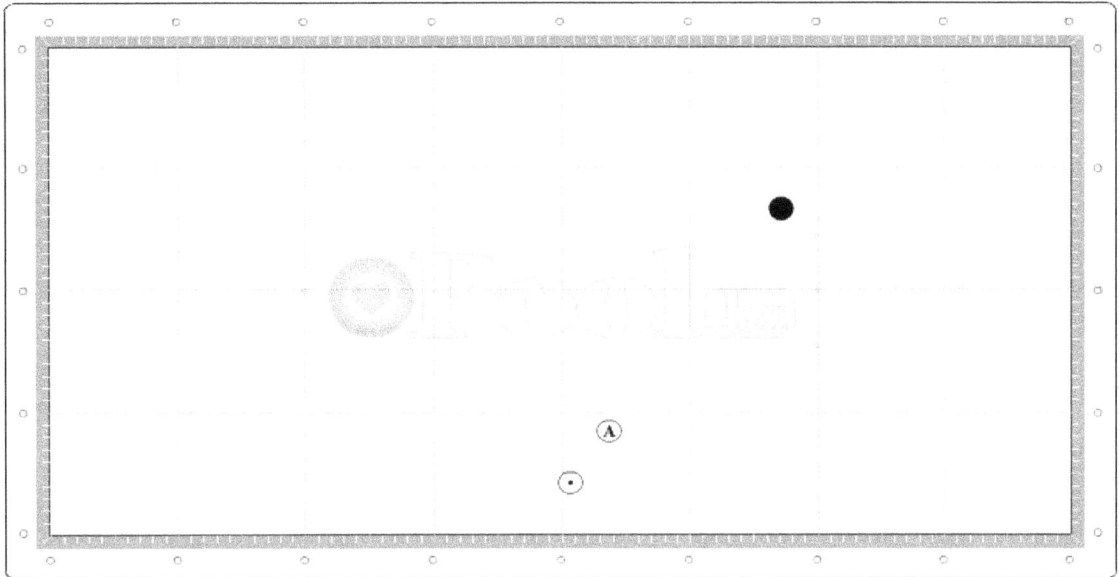

Opmerkingen en ideeën:

Schotpatroon

B:1d – Opstelling

Opmerkingen en ideeën:

Schotpatroon

B: Groep 2

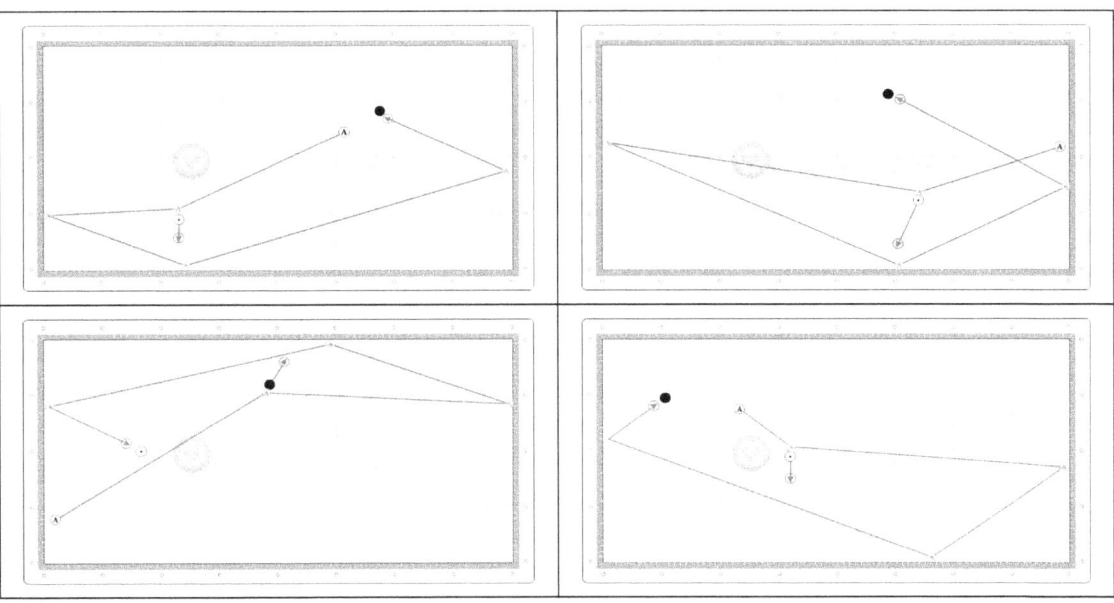

Analyse:

B:2a. _____

B:2b. _____

B:2c. _____

B:2d. _____

B:2a – Opstelling

Opmerkingen en ideeën:

Schotpatroon

B:2b – Opstelling

Opmerkingen en ideeën:

Schotpatroon

B:2c – Opstelling

Opmerkingen en ideeën:

Schotpatroon

B:2d – Opstelling

Opmerkingen en ideeën:

Schotpatroon

B: Groep 3

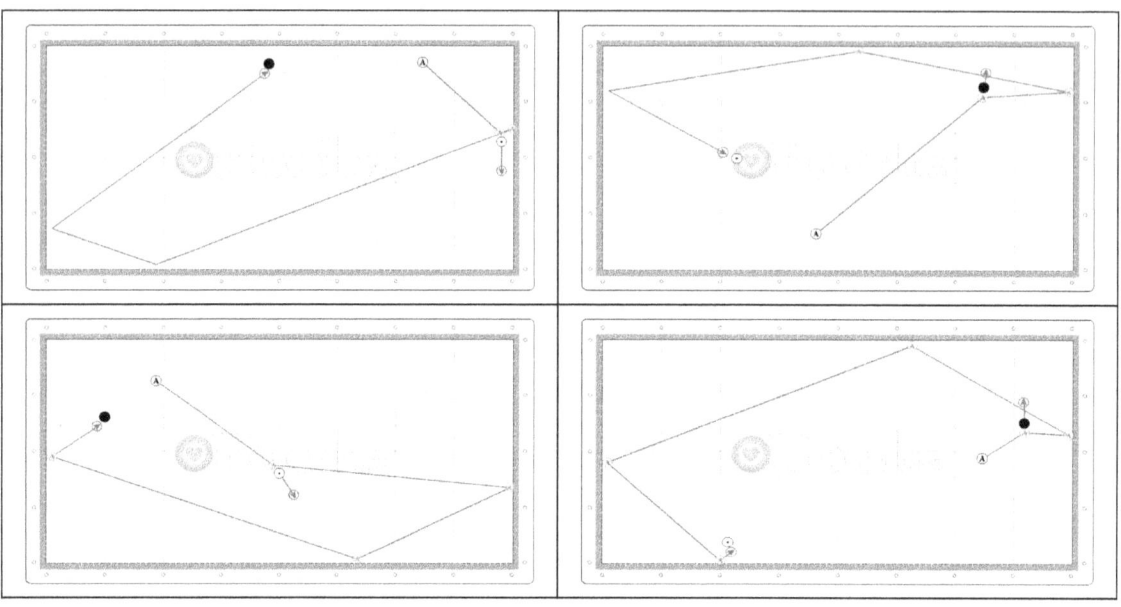

Analyse:

B:3a. _____

B:3b. _____

B:3c. _____

B:3d. _____

B:3a – Opstelling

Opmerkingen en ideeën:

Schotpatroon

B:3b – Opstelling

Opmerkingen en ideeën:

Schotpatroon

B:3c – Opstelling

Opmerkingen en ideeën:

Schotpatroon

B:3d – Opstelling

Opmerkingen en ideeën:

Schotpatroon

C: 4 biljartbanden (lang banden)

De (CB) komt van de eerste (OB) en in het lange biljartbanden. Het komt uit op het korte biljartbanden. Vervolgens gaat de (CB) naar het tegenoverliggende lange ku biljartbandenssen. Alleen dan gaat de (CB) naar de tweede (OB).

Ⓐ (CB) (uw biljartbal) – ⊙ (OB) (tegenstander biljartbal) – ● (OB) (rode biljartbal)

C: Groep 1

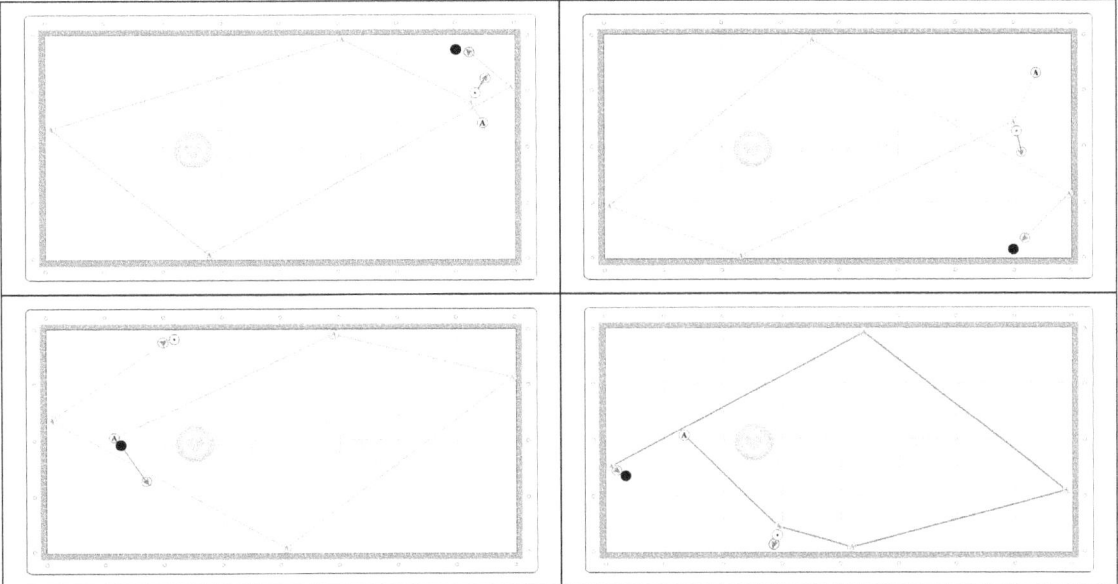

Analyse:

C:1a. _____

C:1b. _____

C:1c. _____

C:1d. _____

C:1a – Opstelling

Opmerkingen en ideeën:

Schotpatroon

C:1b – Opstelling

Opmerkingen en ideeën:

Schotpatroon

C:1c – Opstelling

Opmerkingen en ideeën:

Schotpatroon

C:1d – Opstelling

Opmerkingen en ideeën:

Schotpatroon

C: Groep 2

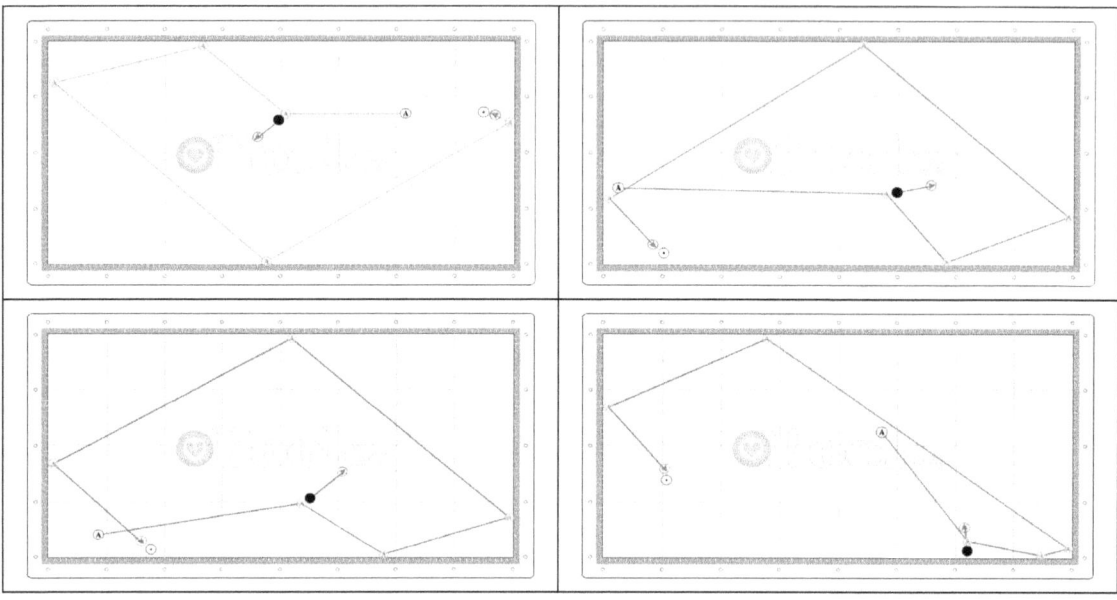

Analyse:

C:2a. _____

C:2b. _____

C:2c. _____

C:2d. _____

C:2a – Opstelling

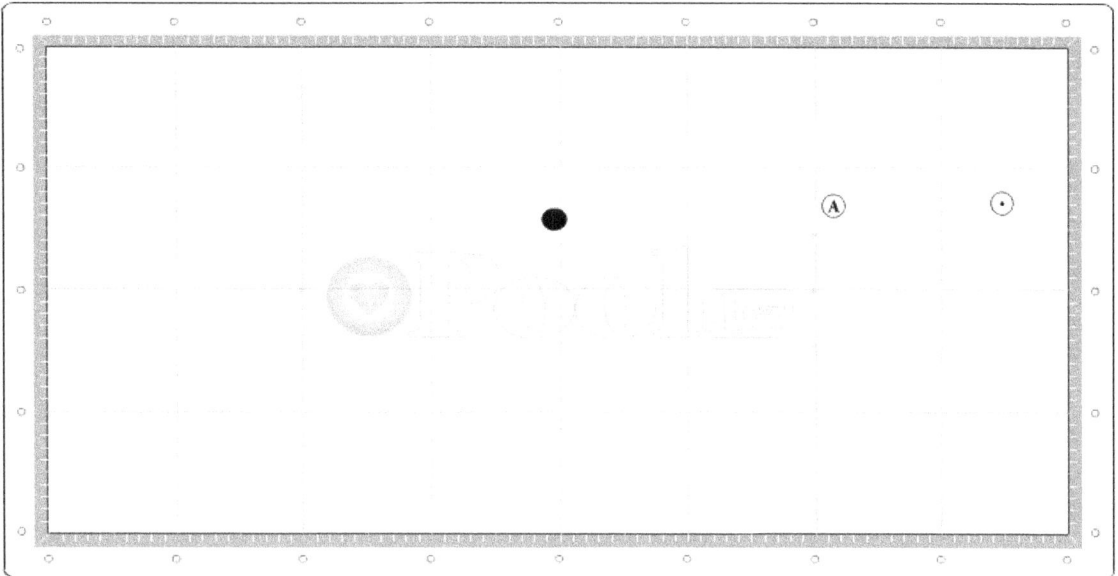

Opmerkingen en ideeën:

Schotpatroon

C:2b – Opstelling

Opmerkingen en ideeën:

Schotpatroon

C:2c – Opstelling

Opmerkingen en ideeën:

Schotpatroon

C:2d – Opstelling

Opmerkingen en ideeën:

Schotpatroon

C: Groep 3

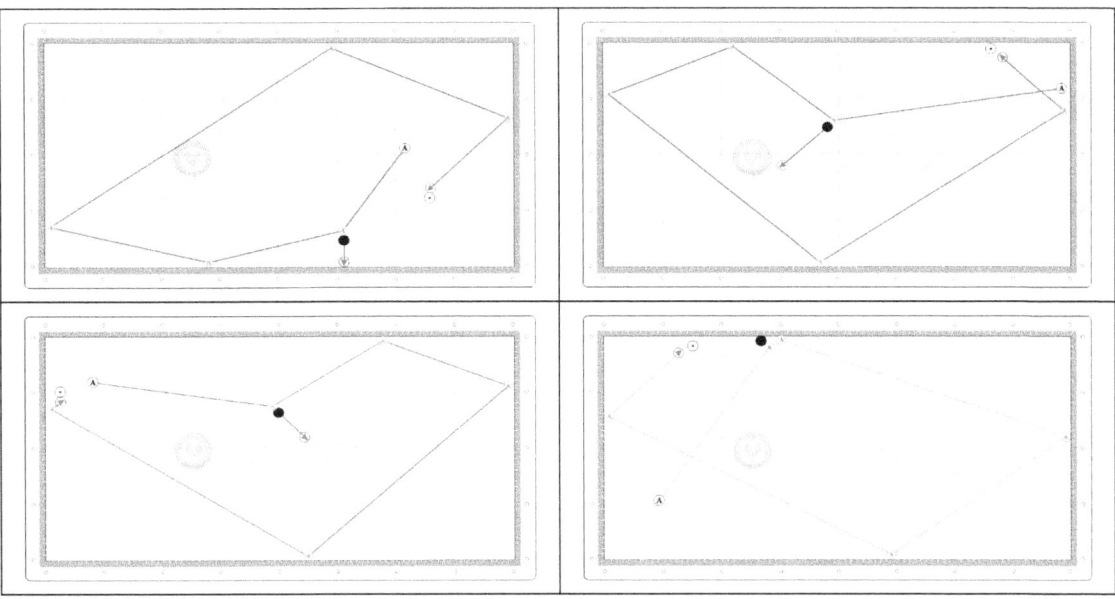

Analyse:

C:3a. _____

C:3b. _____

C:3c. _____

C:3d. _____

C:3a – Opstelling

Opmerkingen en ideeën:

Schotpatroon

C:3b – Opstelling

Opmerkingen en ideeën:

Schotpatroon

C:3c – Opstelling

Opmerkingen en ideeën:

Schotpatroon

C:3d – Opstelling

Opmerkingen en ideeën:

Schotpatroon

C: Groep 4

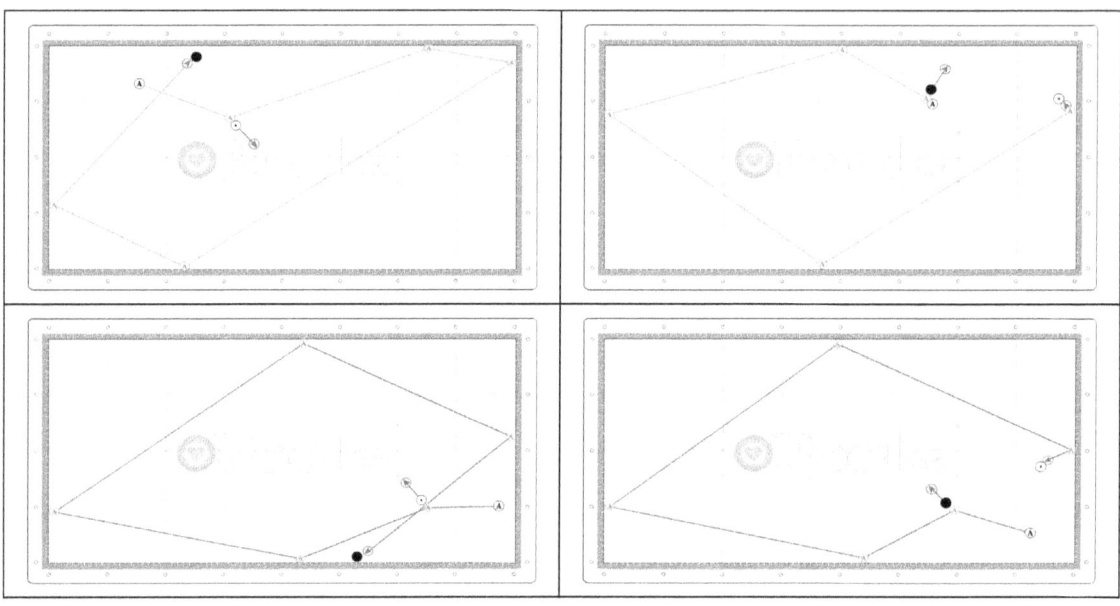

Analyse:

C:4a. _____

C:4b. _____

C:4c. _____

C:4d. _____

C:4a – Opstelling

Opmerkingen en ideeën:

Schotpatroon

C:4b – Opstelling

Opmerkingen en ideeën:

Schotpatroon

C:4c – Opstelling

Opmerkingen en ideeën:

Schotpatroon

C:4d – Opstelling

Opmerkingen en ideeën:

Schotpatroon

C: Groep 5

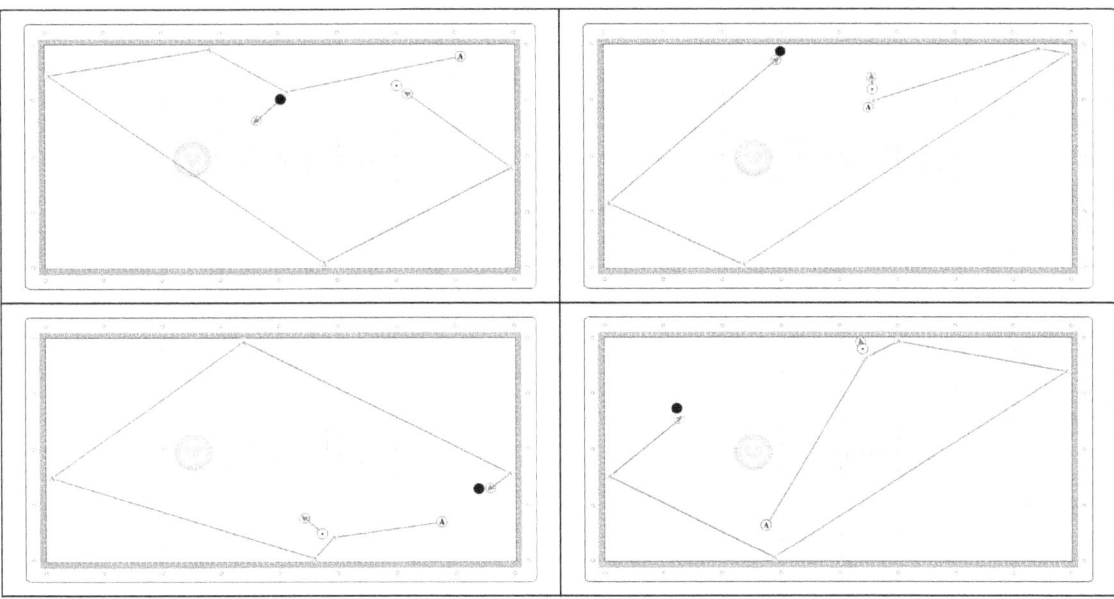

Analyse:

C:5a. _____

C:5b. _____

C:5c. _____

C:5d. _____

C:5a – Opstelling

Opmerkingen en ideeën:

Schotpatroon

C:5b – Opstelling

Opmerkingen en ideeën:

Schotpatroon

C:5c – Opstelling

Opmerkingen en ideeën:

Schotpatroon

C:5d – Opstelling

Opmerkingen en ideeën:

Schotpatroon

D: 4 biljartbanden (kort banden)

De (CB) komt van de eerste (OB) en gaat in het korte biljartbanden. De (CB) reist naar het tegenoverliggende lange biljartbanden. De cirkel gaat verder in het tegenoverliggende korte biljartbanden. Alleen dan maakt de (CB) verbinding met de tweede (OB).

Ⓐ (CB) (uw biljartbal) – ⊙ (OB) (tegenstander biljartbal) – ● (OB) (rode biljartbal)

D: Groep 1

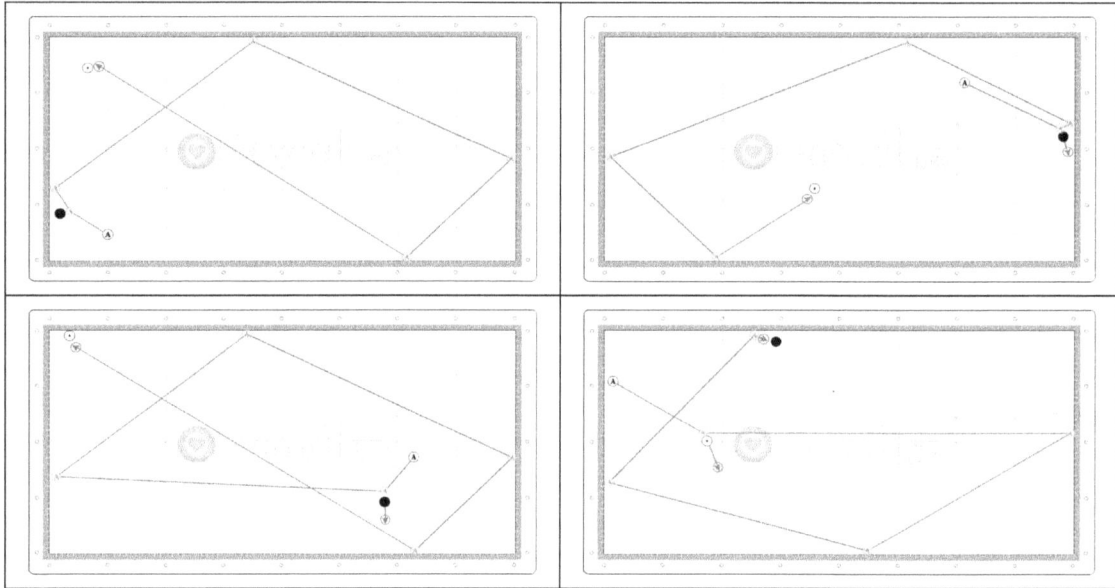

Analyse:

D:1a. _____

D:1b. _____

D:1c. _____

D:1d. _____

D:1a – Opstelling

Opmerkingen en ideeën:

Schotpatroon

D:1b – Opstelling

Opmerkingen en ideeën:

Schotpatroon

D:1c – Opstelling

Opmerkingen en ideeën:

Schotpatroon

D:1d – Opstelling

Opmerkingen en ideeën:

Schotpatroon

D: Groep 2

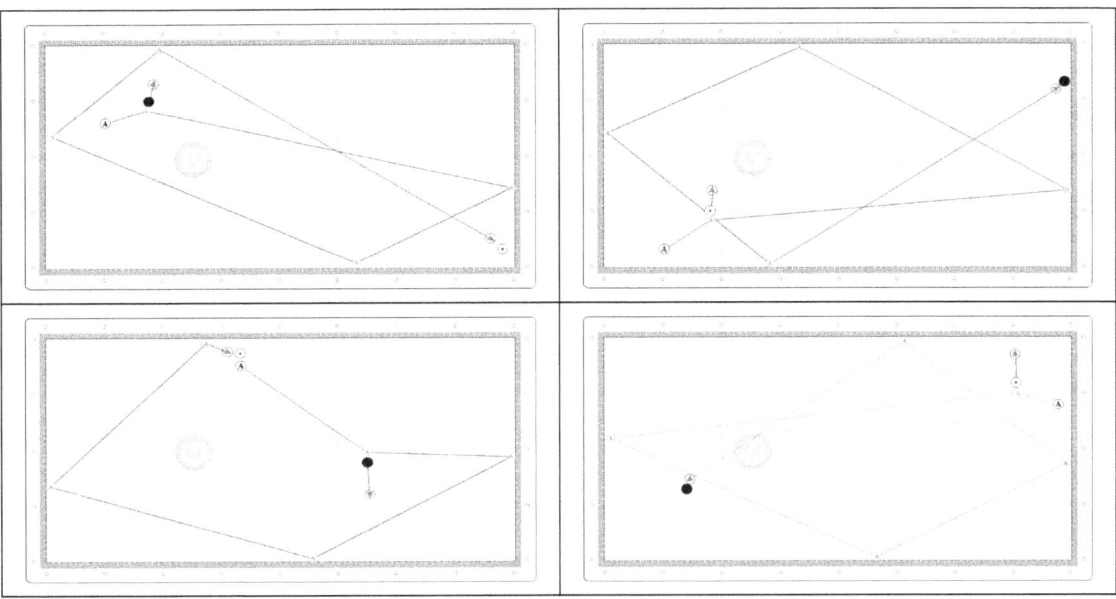

Analyse:

D:2a. _____

D:2b. _____

D:2c. _____

D:2d. _____

D:2a – Opstelling

Opmerkingen en ideeën:

Schotpatroon

D:2b – Opstelling

Opmerkingen en ideeën:

Schotpatroon

D:2c – Opstelling

Opmerkingen en ideeën:

Schotpatroon

D:2d – Opstelling

Opmerkingen en ideeën:

Schotpatroon

D: Groep 3

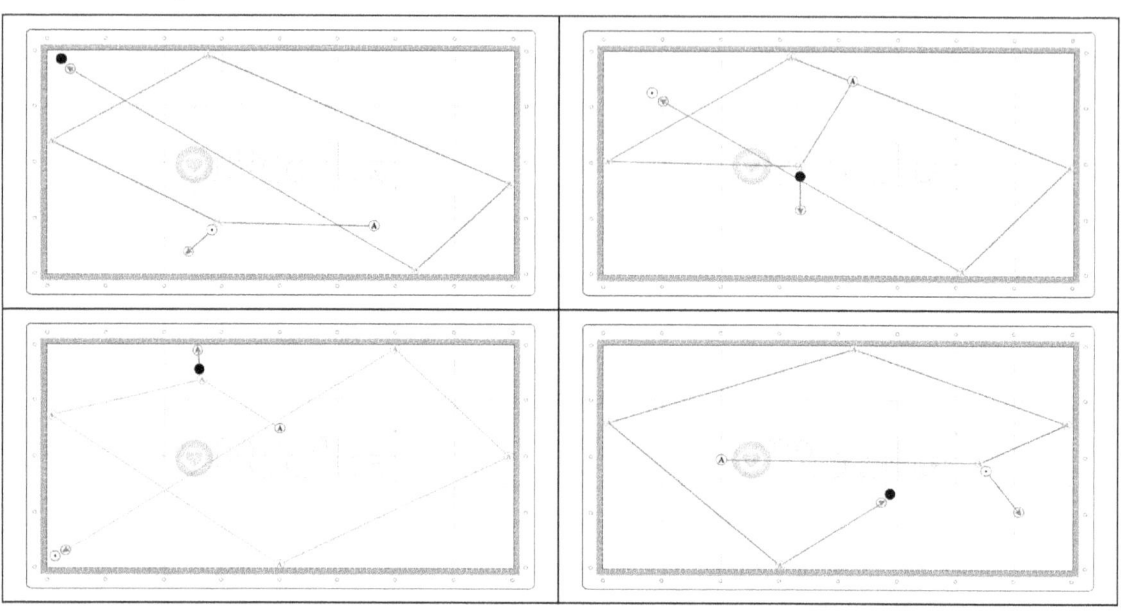

Analyse:

D:3a. _____

D:3b. _____

D:3c. _____

D:3d. _____

D:3a – Opstelling

Opmerkingen en ideeën:

Schotpatroon

D:3b – Opstelling

Opmerkingen en ideeën:

Schotpatroon

D:3c – Opstelling

Opmerkingen en ideeën:

Schotpatroon

D:3d – Opstelling

Opmerkingen en ideeën:

Schotpatroon

D: Groep 4

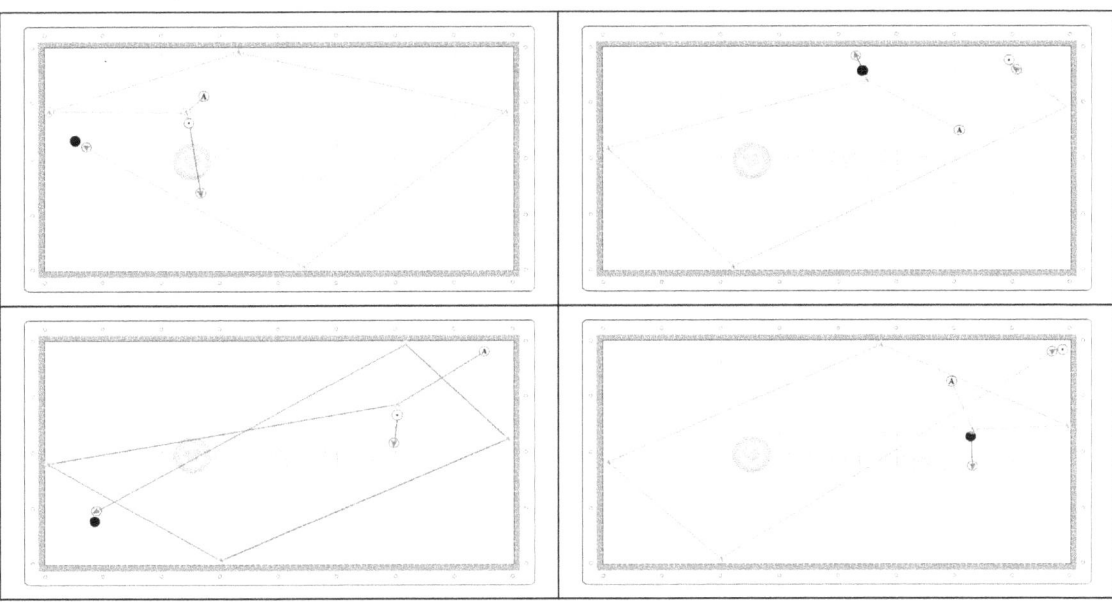

Analyse:

D:4a. _____

D:4b. _____

D:4c. _____

D:4d. _____

D:4a – Opstelling

Opmerkingen en ideeën:

Schotpatroon

D:4b – Opstelling

Opmerkingen en ideeën:

Schotpatroon

D:4c – Opstelling

Opmerkingen en ideeën:

Schotpatroon

D:4d – Opstelling

Opmerkingen en ideeën:

Schotpatroon

E: 5 biljartbanden (lang banden)

De (CB) komt van de eerste (OB) en in het lange biljartbanden. De (CB) reist in vijf biljartbandenvoordat deze contact maakt met de tweede (OB).

Ⓐ (CB) (uw biljartbal) – ⊙ (OB) (tegenstander biljartbal) – ● (OB) (rode biljartbal)

E: Groep 1

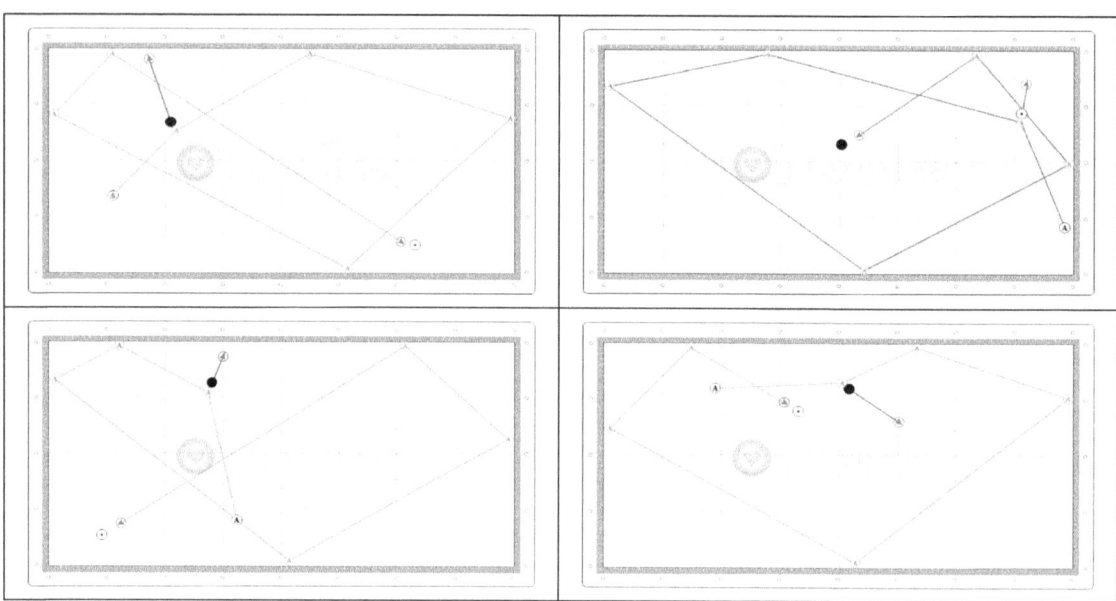

Analyse:

E:1a. _____

E:1b. _____

E:1c. _____

E:1d. _____

E:1a – Opstelling

Opmerkingen en ideeën:

Schotpatroon

E:1b – Opstelling

Opmerkingen en ideeën:

Schotpatroon

E:1c – Opstelling

Opmerkingen en ideeën:

Schotpatroon

E:1d – Opstelling

Opmerkingen en ideeën:

Schotpatroon

E: Groep 2

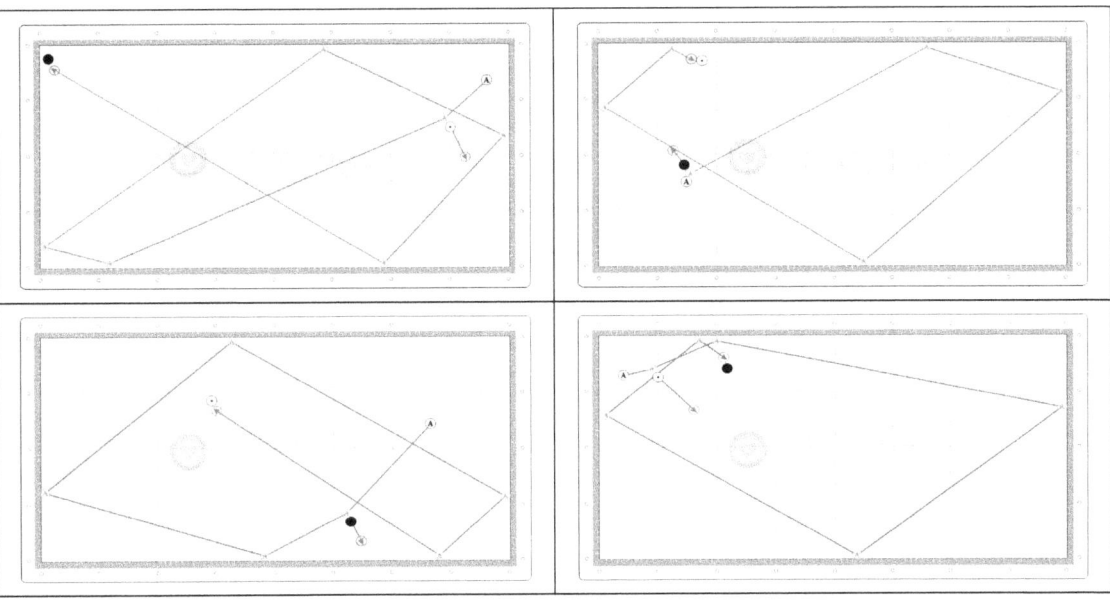

Analyse:

E:2a. _____

E:2b. _____

E:2c. _____

E:2d. _____

E:2a – Opstelling

Opmerkingen en ideeën:

Schotpatroon

E:2b – Opstelling

Opmerkingen en ideeën:

Schotpatroon

E:2c – Opstelling

Opmerkingen en ideeën:

Schotpatroon

E:2d – Opstelling

Opmerkingen en ideeën:

Schotpatroon

E: Groep 3

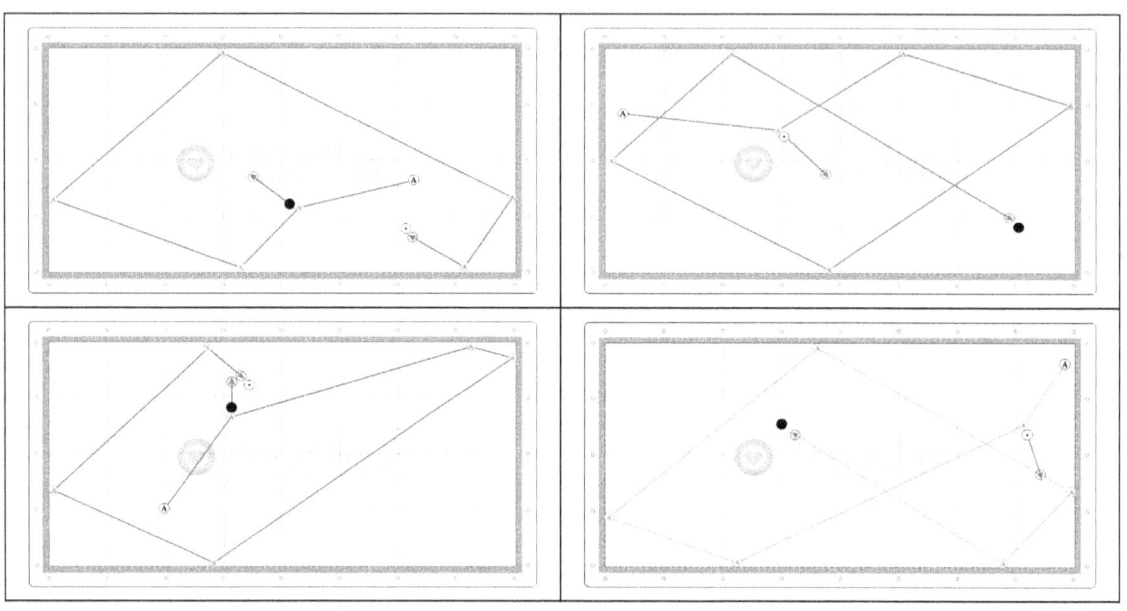

Analyse:

E:3a. _____

E:3b. _____

E:3c. _____

E:3d. _____

E:3a – Opstelling

Opmerkingen en ideeën:

Schotpatroon

E:3b – Opstelling

Opmerkingen en ideeën:

Schotpatroon

E:3c – Opstelling

Opmerkingen en ideeën:

Schotpatroon

E:3d – Opstelling

Opmerkingen en ideeën:

Schotpatroon

E: Groep 4

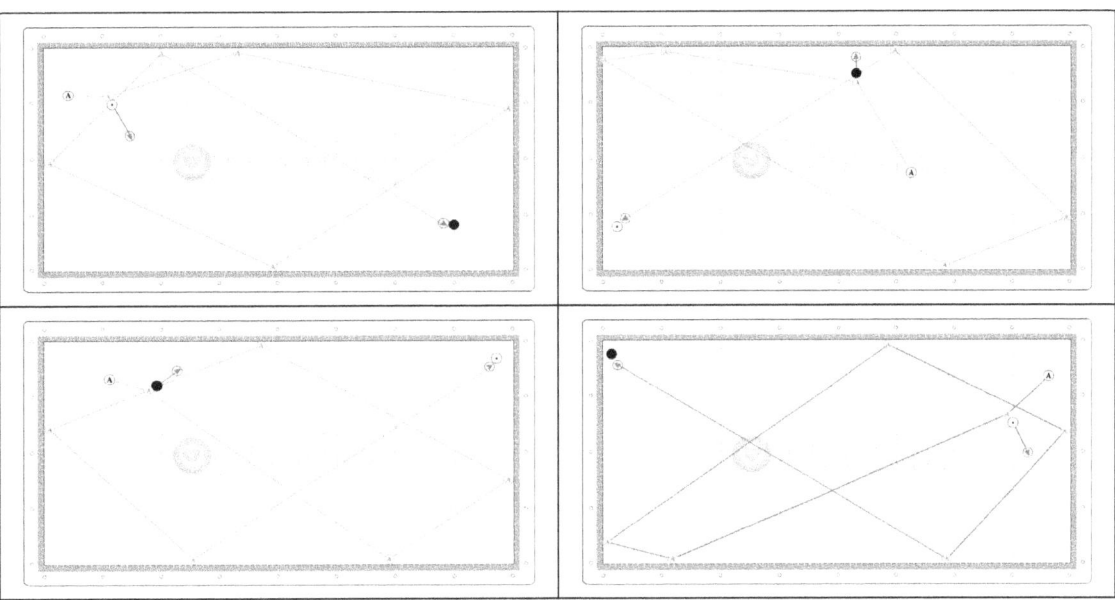

Analyse:

E:4a. _____

E:4b. _____

E:4c. _____

E:4d. _____

E:4a – Opstelling

Opmerkingen en ideeën:

Schotpatroon

E:4b – Opstelling

Opmerkingen en ideeën:

Schotpatroon

E:4c – Opstelling

Opmerkingen en ideeën:

Schotpatroon

E:4d – Opstelling

Opmerkingen en ideeën:

Schotpatroon

E: Groep 5

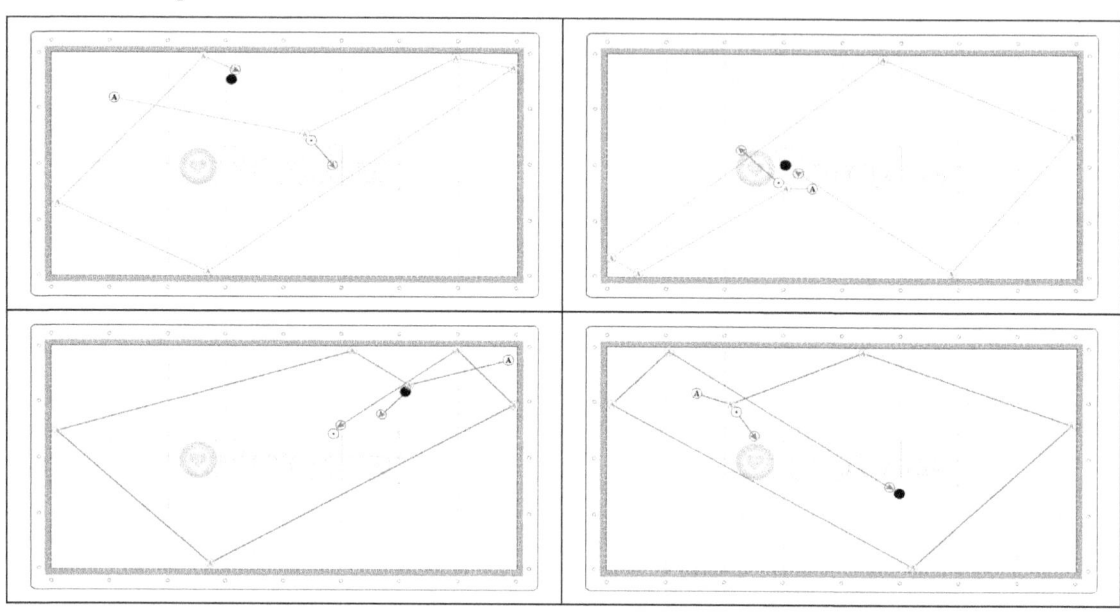

Analyse:

E:5a. _____

E:5b. _____

E:5c. _____

E:5d. _____

E:5a – Opstelling

Opmerkingen en ideeën:

Schotpatroon

E:5b – Opstelling

Opmerkingen en ideeën:

Schotpatroon

E:5c – Opstelling

Opmerkingen en ideeën:

Schotpatroon

E:5d – Opstelling

Opmerkingen en ideeën:

Schotpatroon

F: 5 biljartbanden (kort banden)

De (CB) komt van de eerste (OB) en in het korte biljartbanden. Vervolgens reist het rond de tafel in vijf opeenvolgende biljartbanden. Alleen dan maakt de (CB) verbinding met de tweede (OB).

Ⓐ (CB) (uw biljartbal) – ⊙ (OB) (tegenstander biljartbal) – ● (OB) (rode biljartbal)

F: Groep 1

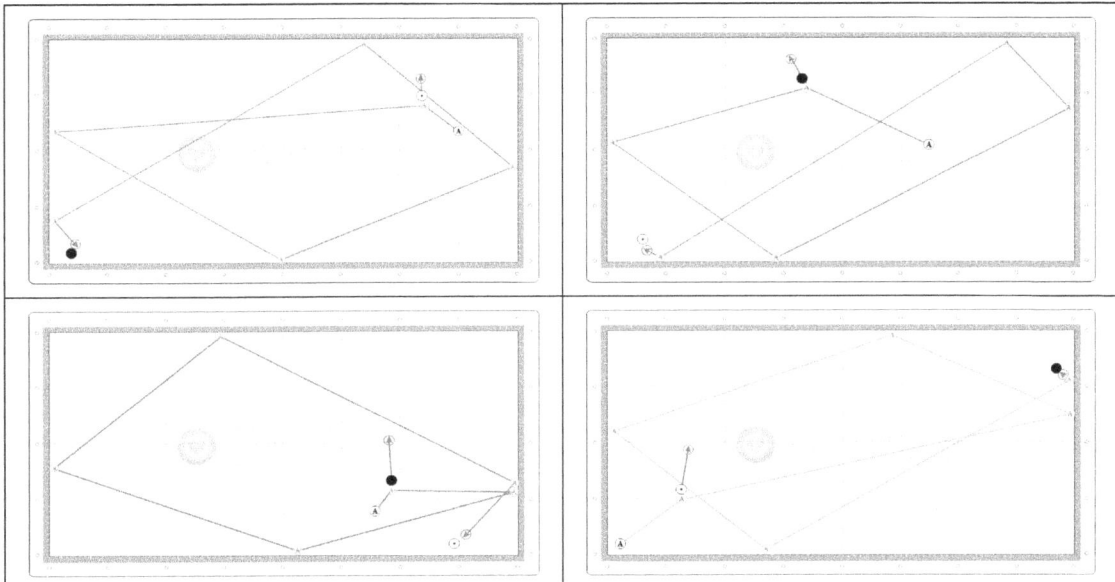

Analyse:

F:1a. _____

F:1b. _____

F:1c. _____

F:1d. _____

F:1a – Opstelling

Opmerkingen en ideeën:

Schotpatroon

F:1b – Opstelling

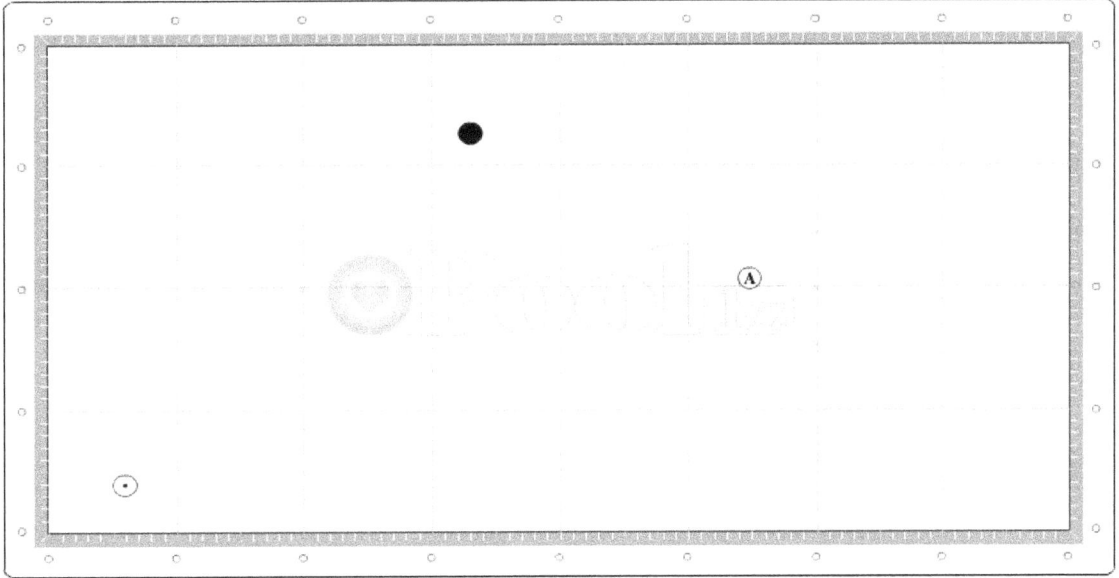

Opmerkingen en ideeën:

Schotpatroon

F:1c – Opstelling

Opmerkingen en ideeën:

Schotpatroon

F:1d – Opstelling

Opmerkingen en ideeën:

Schotpatroon

F: Groep 2

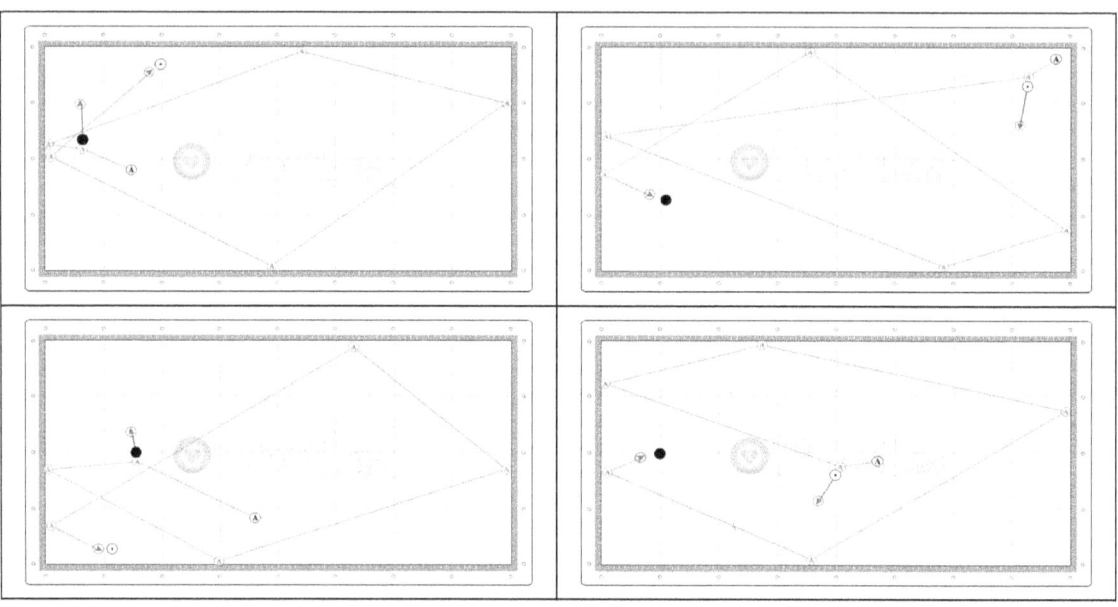

Analyse:

F:2a. _____

F:2b. _____

F:2c. _____

F:2d. _____

F:2a – Opstelling

Opmerkingen en ideeën:

Schotpatroon

F:2b – Opstelling

Opmerkingen en ideeën:

Schotpatroon

F:2c – Opstelling

Opmerkingen en ideeën:

Schotpatroon

F:2d – Opstelling

Opmerkingen en ideeën:

Schotpatroon

G: 6+ biljartbanden (lang banden)

De (CB) komt van de eerste (OB) en in het lange biljartbanden. Vervolgens reist het rond de tafel in minstens zes biljartbanden (soms zeven).

Ⓐ (CB) (uw biljartbal) – ⊙ (OB) (tegenstander biljartbal) – ● (OB) (rode biljartbal)

G: Groep 1

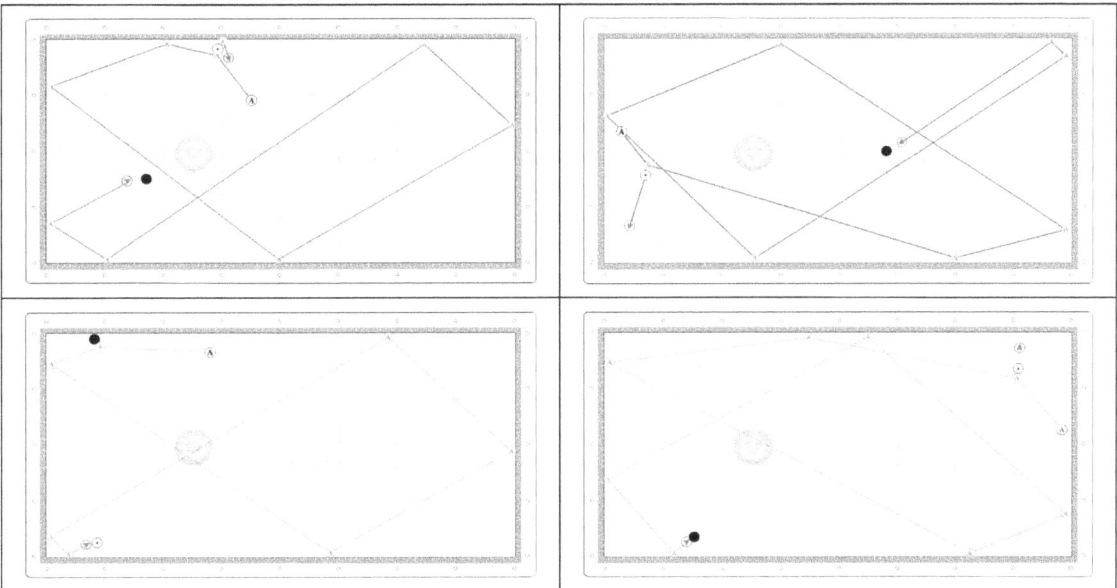

Analyse:

G:1a. _____

G:1b. _____

G:1c. _____

G:1d. _____

G:1a – Opstelling

Opmerkingen en ideeën:

Schotpatroon

G:1b – Opstelling

Opmerkingen en ideeën:

Schotpatroon

G:1c – Opstelling

Opmerkingen en ideeën:

Schotpatroon

G:1d – Opstelling

Opmerkingen en ideeën:

Schotpatroon

G: Groep 2

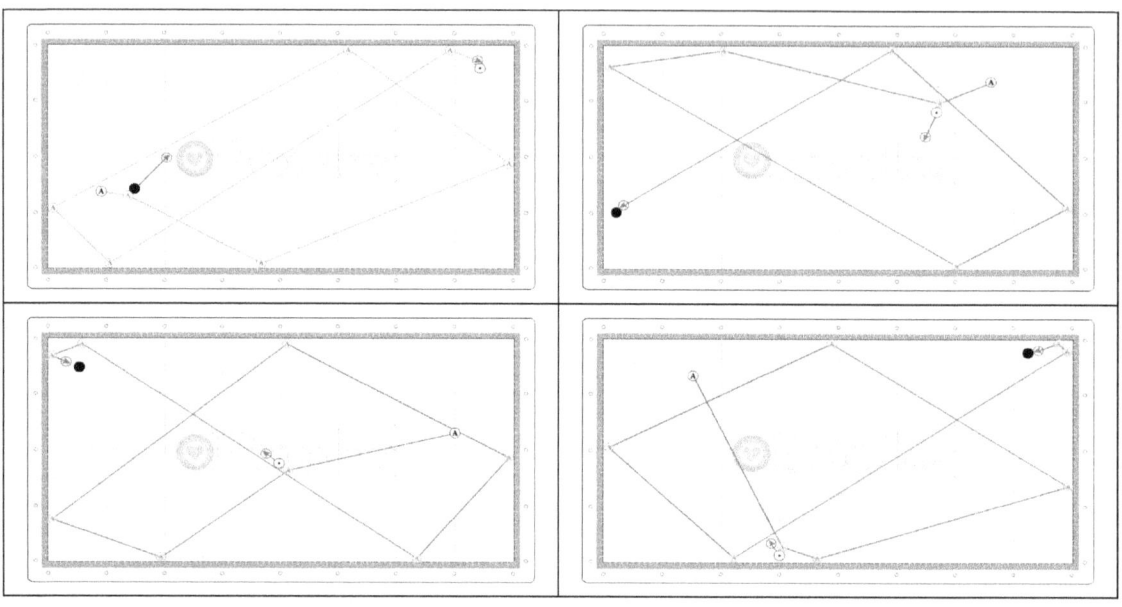

Analyse:

G:2a. _____

G:2b. _____

G:2c. _____

G:2d. _____

G:2a – Opstelling

Opmerkingen en ideeën:

Schotpatroon

G:2b – Opstelling

Opmerkingen en ideeën:

Schotpatroon

G:2c – Opstelling

Opmerkingen en ideeën:

Schotpatroon

G:2d – Opstelling

Opmerkingen en ideeën:

Schotpatroon

G: Groep 3

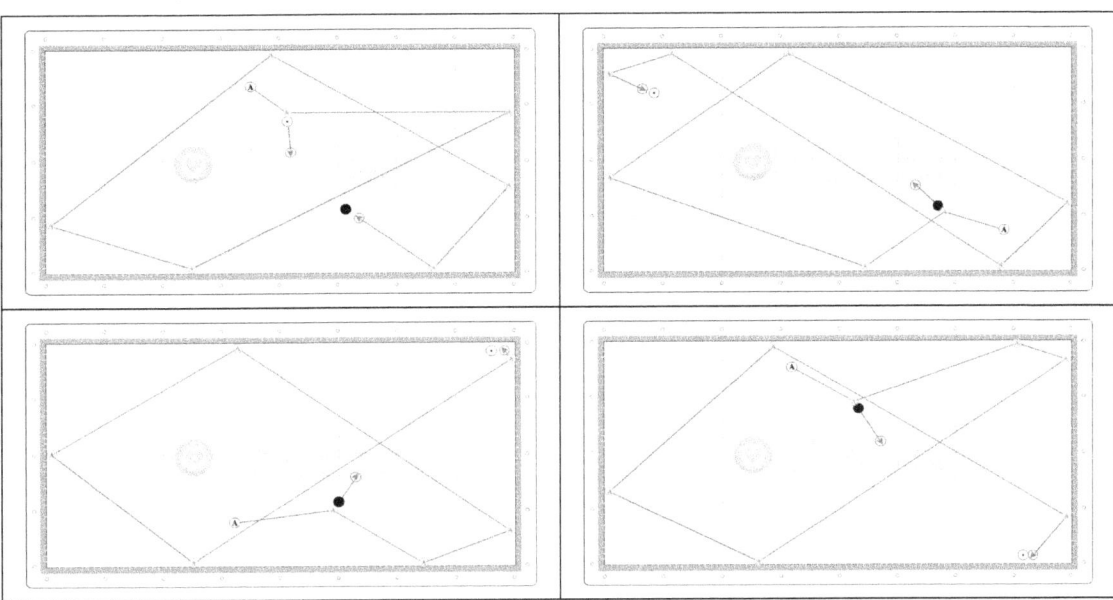

Analyse:

G:3a. _____

G:3b. _____

G:3c. _____

G:3d. _____

G:3a – Opstelling

Opmerkingen en ideeën:

Schotpatroon

G:3b – Opstelling

Opmerkingen en ideeën:

Schotpatroon

G:3c – Opstelling

Opmerkingen en ideeën:

Schotpatroon

G:3d – Opstelling

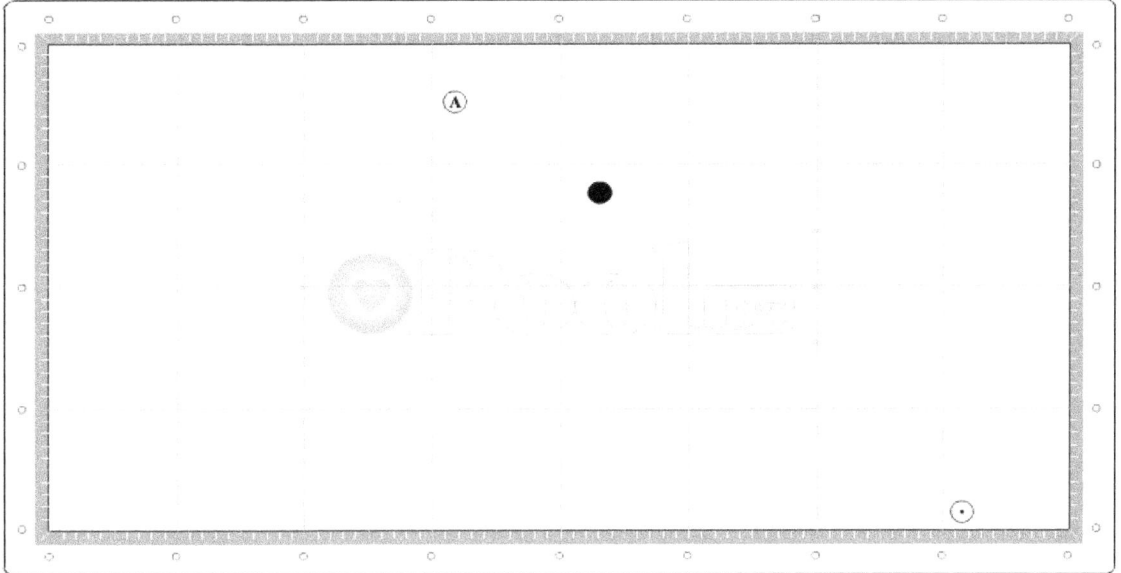

Opmerkingen en ideeën:

Schotpatroon

G: Groep 4

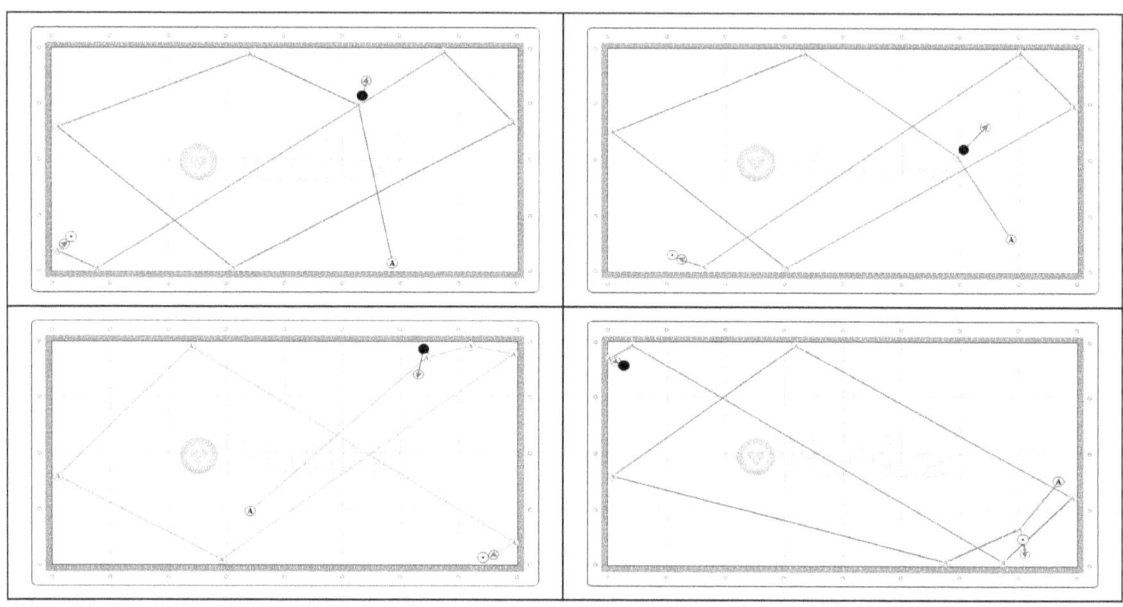

Analyse:

G:4a. _____

G:4b. _____

G:4c. _____

G:4d. _____

G:4a – Opstelling

Opmerkingen en ideeën:

Schotpatroon

G:4b – Opstelling

Opmerkingen en ideeën:

Schotpatroon

G:4c – Opstelling

Opmerkingen en ideeën:

Schotpatroon

G:4d – Opstelling

Opmerkingen en ideeën:

Schotpatroon

H: 6+ biljartbanden (kort banden)

De (CB) komt van de (OB) en in het korte biljartbanden. De (CB) blijft reizen rond de tafel voor zes of meer biljartbanden. Alleen dan neemt de (CB) contact op met de tweede (OB).

Ⓐ (CB) (uw biljartbal) – ⊙ (OB) (tegenstander biljartbal) – ● (OB) (rode biljartbal)

H: Groep 1

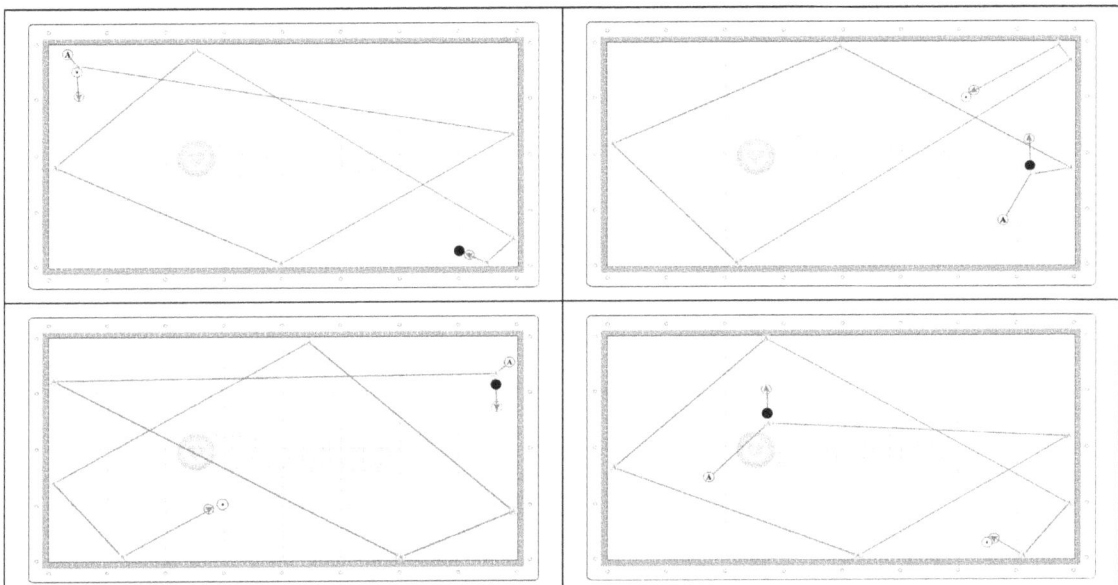

Analyse:

H:1a. _____

H:1b. _____

H:1c. _____

H:1d. _____

H:1a – Opstelling

Opmerkingen en ideeën:

Schotpatroon

H:1b – Opstelling

Opmerkingen en ideeën:

Schotpatroon

H:1c – Opstelling

Opmerkingen en ideeën:

Schotpatroon

H:1d – Opstelling

Opmerkingen en ideeën:

Schotpatroon

H: Groep 2

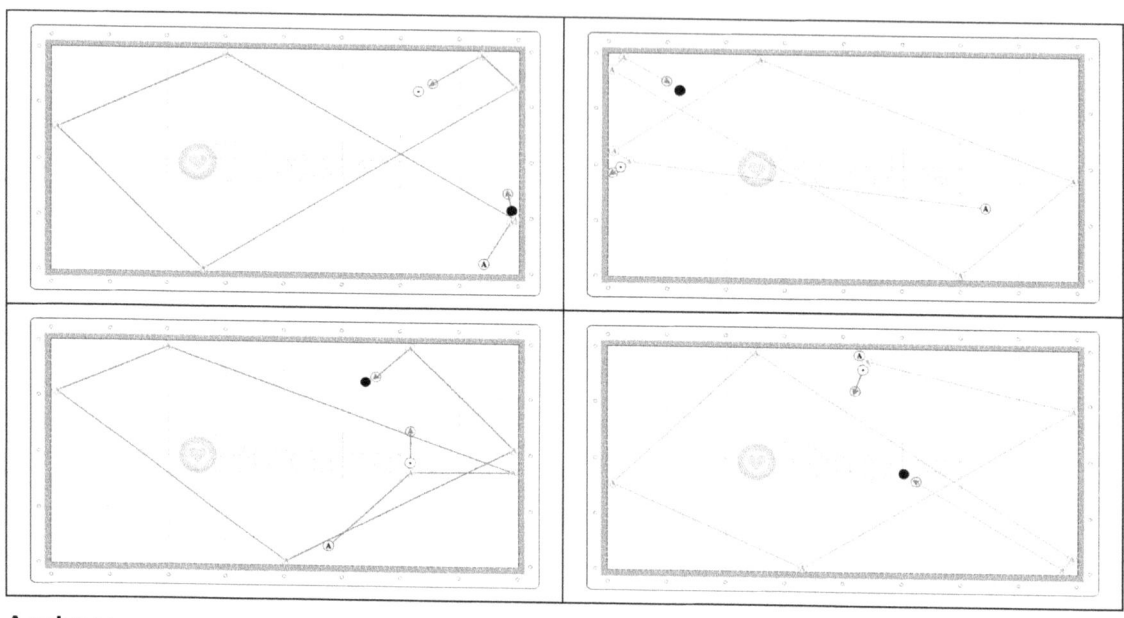

Analyse:

H:2a. _____

H:2b. _____

H:2c. _____

H:2d. _____

H:2a – Opstelling

Opmerkingen en ideeën:

Schotpatroon

H:2b – Opstelling

Opmerkingen en ideeën:

Schotpatroon

H:2c – Opstelling

Opmerkingen en ideeën:

Schotpatroon

H:2d – Opstelling

Opmerkingen en ideeën:

Schotpatroon

www.ingramcontent.com/pod-product-compliance
Lightning Source LLC
Chambersburg PA
CBHW080052190426
43201CB00035B/2223